한국사 QUEST · 조선 시대

사라진 세자를 찾아라!

사진 출처

- 8쪽 은병 : 문화재청 • 9쪽 왕건 청동상 : 북한 개성박물관 • 19쪽 김시습 초상 : 문화재청 • 35쪽 창경궁 관천대 : 문화재청 • 66쪽 창덕궁 돈화문 : 문화재청
- 68쪽 경복궁 근정전 : 문화재청 • 69쪽 나주목 관아와 나주향교 : 문화재청 • 72쪽 단군 영정 : 원광대 • 73쪽 정몽주 초상 : 국립 중앙 박물관
- 80쪽 보신각 : Steve46814, CC BY-SA 3.0 • 83쪽 자격루 : 세종대왕기념관 • 92쪽 창덕궁 후원의 주합루와 부용지 : 권효현
- 93쪽 조선왕조실록 오대산 사고본 : 문화재청 • 100쪽 홍화문 : 문화재청

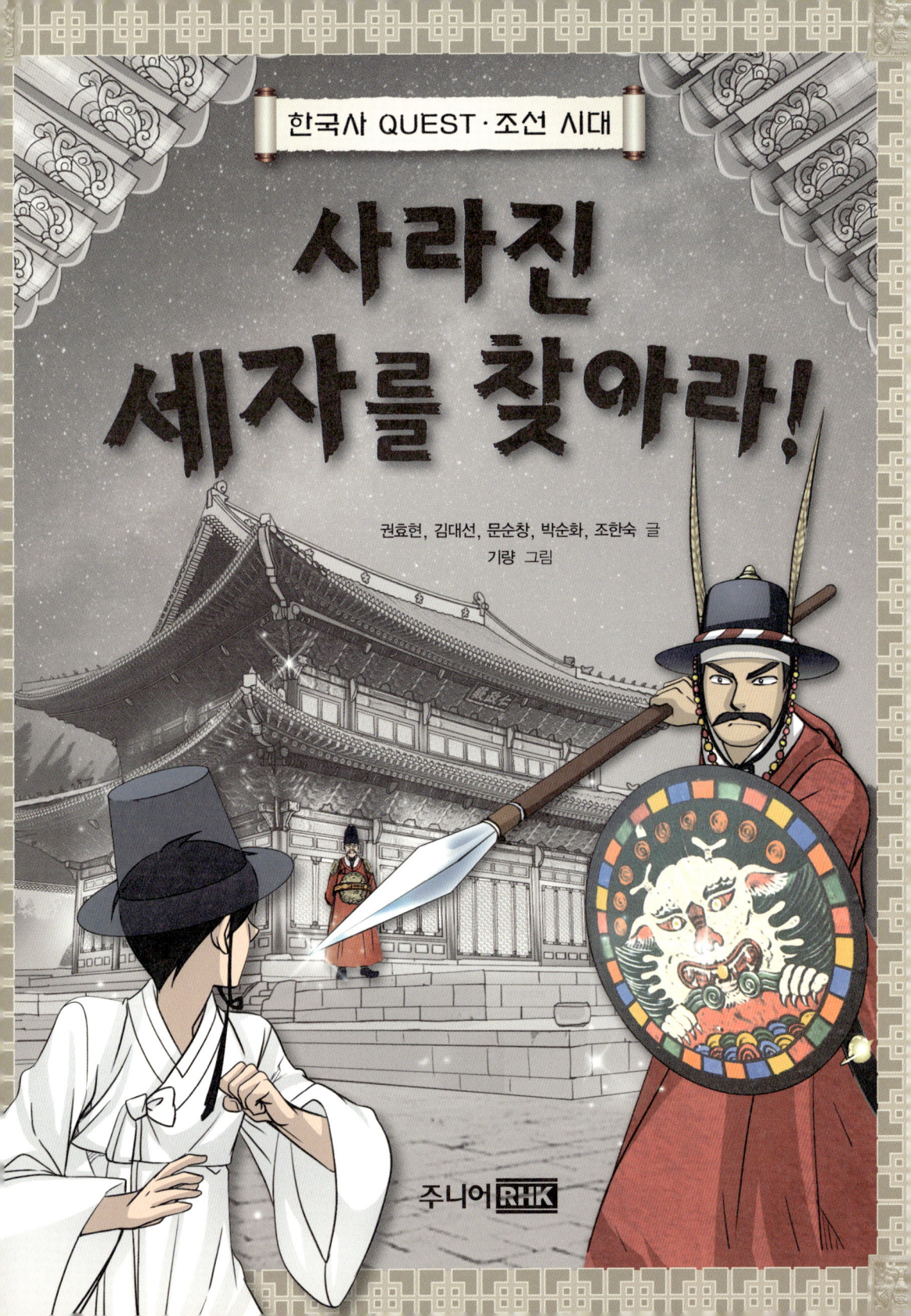

조선 시대로 들어가기 전에

이제 곧 조선 시대로 들어가 모험을 떠날 여러분! 여러분 앞에 어떤 도전이 기다리고 있을지 가슴이 두근거리지요? 오늘날 우리가 사는 사회와 많이 다른 조선 시대에서 당신은 무사히 모험을 마칠 자신이 있나요?

이 책은 다른 책과 좀 달라요. 1쪽, 2쪽, 3쪽의 순서대로 읽는 책이 아니거든요. 이야기가 펼쳐지는 대로, 앞으로 뒤로 왔다 갔다 하면서 책을 읽어 나가야 해요.

이야기는 6쪽부터 시작해요. 책을 펼치면 곧바로 여러분이 해결해야 하는 문제가 나오고, 문제를 해결하기 위한 방법을 선택해야 하지요. 선택 방법은 다음과 같아요.

 정답이 A라면 37쪽으로 가세요.

 정답이 B라면 13쪽으로 가세요.

정답이 A라고 생각한다면 37쪽으로 가서 선택한 답과 같은 모양의 붉은 문양 을 찾으세요. 정답이 맞다면 그곳에서 모험을 계속 이어 갈 수 있는 이야기를 만날 수 있을 거예요.

때로는 방법을 잘못 선택하거나 문제가 어려워서 길을 잃을지도 몰라요. 그러나 걱정하지 마세요. 재빨리 돌아가 다시 답을 찾으면 돼요. 도움이 필요할 때는 언제든지 책 뒷부분을 찾아보면 된답니다. 그곳에는 당신이 문제를 해결할 수 있도록 실마리를 제공하는 정보가 잘 정리되어 있거든요. 이 정보를 활용하면 큰 어려움 없이 조선 시대에서 무사히 살아남아 모험을 마칠 수 있을 거예요.

자, 조선 시대로 뛰어들 준비가 되었나요? 앞으로 어떤 일이 펼쳐질지 궁금하지요? 그렇다면 다음 장을 넘겨 신나는 역사 모험을 시작해 보세요!

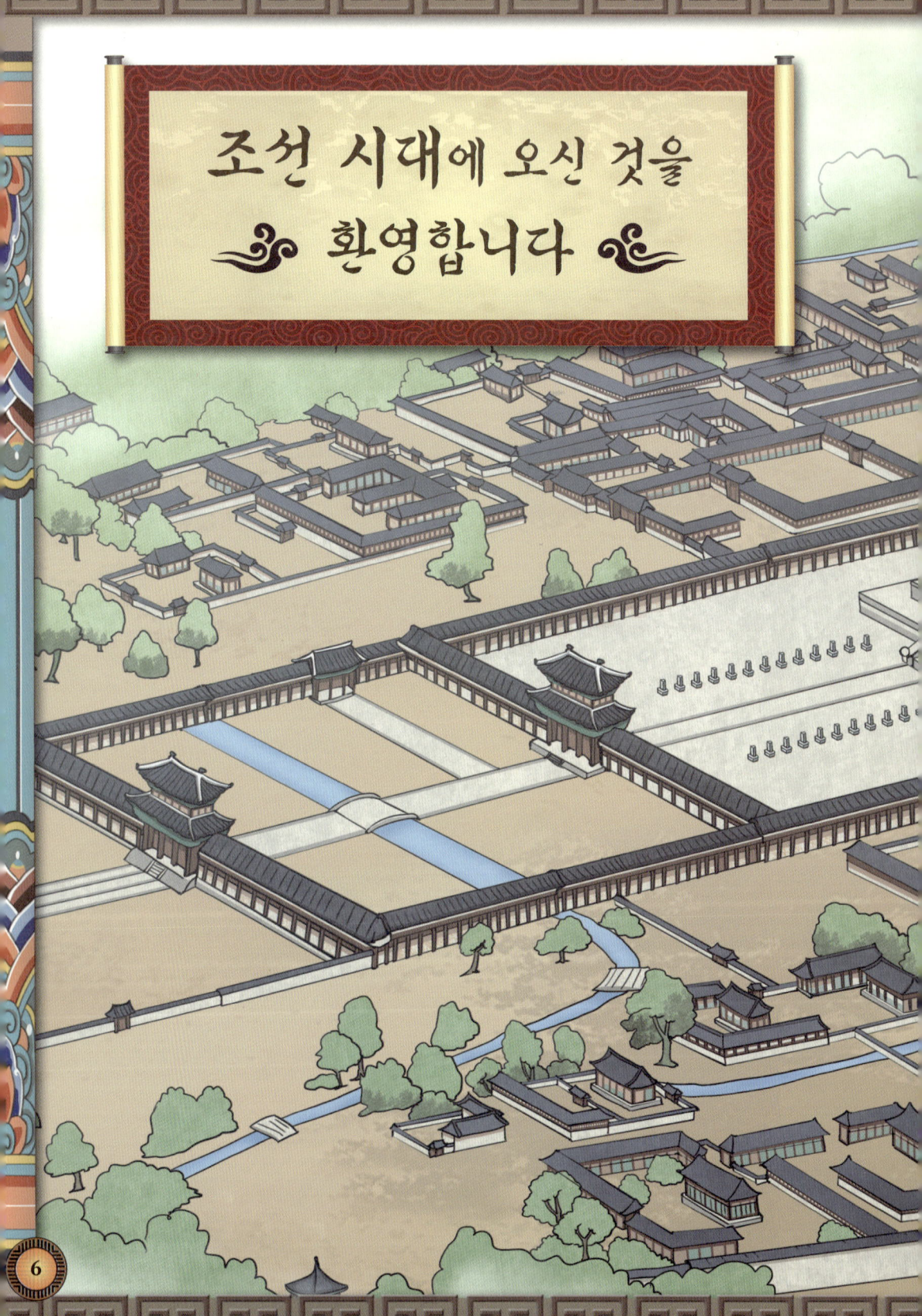

조선의 수도, 한양에 오신 것을 환영합니다. 임금님이 살고 있는 멋진 궁궐에 들어가는 것이 꿈만 같지요? 운이 좋으면 임금님을 만날 수 있을지도 몰라요! 자, 준비가 되었으면 궁궐로 떠나 볼까요?

창덕궁이 있는 48쪽으로 가세요.

당신이 은병을 주려 하자 주모의 눈이 휘둥그레지는 게 아니겠어요? 다른 동전을 골라야 할 것 같군요.
오른쪽 사진은 은병, 또는 활구라고 하는 고려 시대의 화폐예요. 이 작은 것이 지금의 약 100만 원에 해당하는 큰 가치를 지녔다고 해요. 와! 대단하죠?

▲은병

 44쪽으로 돌아가세요.

아니에요!
태조라고 해서 무조건 조선을 건국한 것은 아니지요.
왕건은 조선 바로 직전의 왕조인 고려를 세운 사람이에요.

 103쪽으로 돌아가세요.

▲왕건 청동상

그렇습니다! 광화문이 바로 조선의 정궁인 경복궁의 정문입니다. 서둘러 창덕궁을 빠져나와 서쪽으로 뻗은 길을 따라가자, 우뚝 솟은 문이 보여요. 이 문이 광화문이라면 수호신 해태가 있을 거예요. 해태는 과연 어떤 모습일까요?

 94쪽으로 가세요.

 47쪽으로 가세요.

 88쪽으로 가세요.

잠깐! 이곳에는 함부로 들어갈 수 없어요.

옛날에는 아기를 낳으면 아무나 들어오지 말라는 뜻으로 대문에 금줄을 걸어 두었어요. 면역력이 약한 산모와 아기를 보호하기 위해서였지요. 금줄에는 숯, 생솔가지, 종이 등을 매달았는데, 아기가 아들이면 빨간 고추를 추가로 매달았다고 해요.

 104쪽으로 돌아가세요.

맞게 찾았어요! 당신은 조선의 과학 기술에 대한 지식도 풍부하군요.

이것은 앙부일구(仰釜日晷)예요. 앙부일구는 세종 때 활동했던 장영실이 발명한 해시계지요. 당신은 앙부일구를 들여다보며 지금이 몇 시인지를 알아내려고 해요.

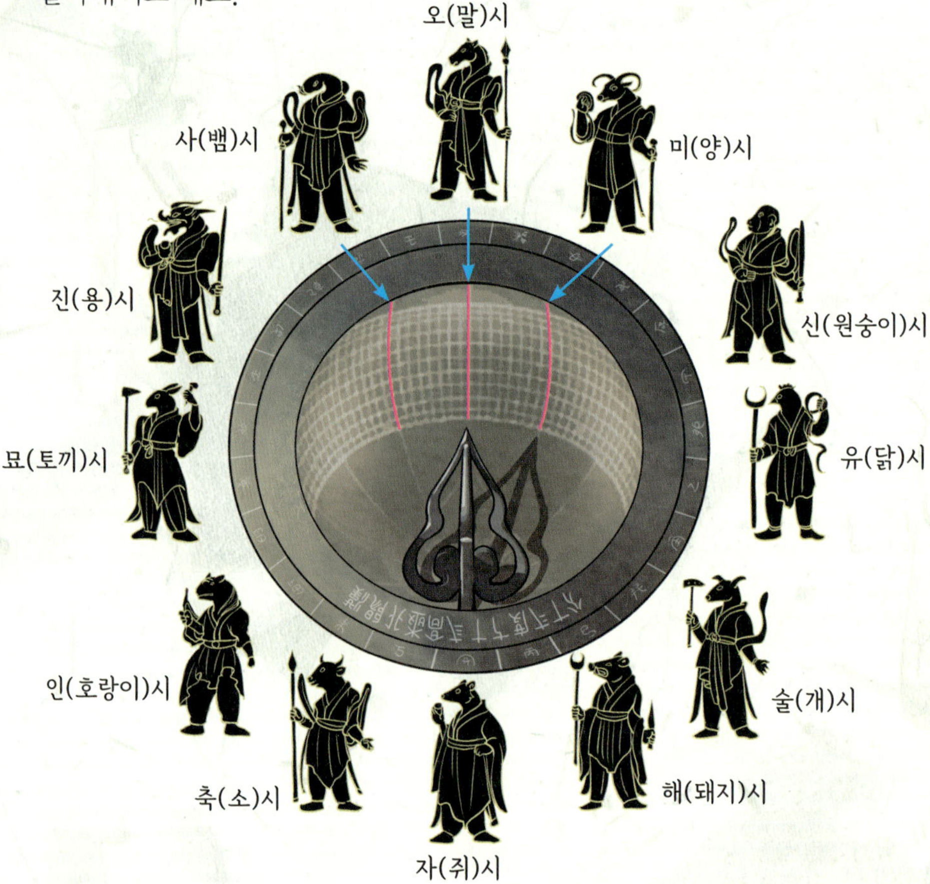

지금은 몇 시인가요?

 오후 1시쯤이라면 24쪽으로 가세요.

 오후 5시쯤이라면 52쪽으로 가세요.

아니에요. 일본이 조선을 침략한 것은 임진왜란 때랍니다. 병자호란과는 관계가 없어요. 다행히 당신이 한 말을 아이가 못 들은 것 같아요. 다시 생각해 보고 올바르게 가르쳐 주세요.

 54쪽으로 돌아가세요.

맞았어요! 당신은 조선의 정치 기구에 대해서도 잘 알고 있군요! 의정부는 영의정, 좌의정, 우의정이라 불리는 삼정승을 비롯한 관리들이 모여 정치를 논하던 조선 최고의 정치 기구였어요.

조심스레 의정부에 들어가니, 영의정 대감이 사무를 보고 있군요. 가까이 다가가 자초지종을 설명하자 깜짝 놀란 영의정 대감이 도움이 되길 바란다며 한양 지도 한 장을 당신에게 줍니다. 이제 '예(禮)'라는 글자와 관련 있는 사대문으로 가야 할 텐데요. 어디로 가야 할까요?

아니에요.

왕십리는 조선 건국 당시 '이곳으로부터 10리만 더 가서 도읍을 정하라고 했다.'는 설화가 전해지는 곳이에요. 그래서 '가다'라는 뜻의 한자 '왕(往)' 자에 10리를 붙여 왕십리라고 부르게 되었대요.

 98쪽으로 돌아가세요.

이 붉은 말은 건장해서 빨리 달릴 수 있을 것 같지만, 어제 이미 먼 거리를 달려와 오늘은 쉬어야 한다고 해요.
서둘러요! 빨리 조랑말을 골라서 타고 가야 배를 잡아탈 수 있어요.

 64쪽으로 돌아가세요.

동쪽으로 가니 대문 현판에 '흥인지문(興仁之門)'이라고 쓰여 있군요. 흥인지문은 아무래도 '인(仁)'자와 관련이 있나 봐요. 서둘러 다른 문으로 가야겠어요.

 14쪽으로 돌아가세요.

《금오신화》도 인기 있는 소설이었지만, 한글 소설은 아니에요.
《금오신화》는 조선 세조 때 김시습이 지은 한문 소설로, 다섯 편의 신비로운 이야기로 구성되어 있답니다.

▲ 김시습 초상

 70쪽으로 돌아가세요.

맞았어요. 이 옷이 조선 시대 선비가 입던 옷이에요. 다행히 옷이 아주 잘 어울리는군요. 이제는 아무도 당신을 의심하지 않을 거예요.

옷을 갈아입은 당신은 세자가 남기고 간 비단 조각을 펼쳐 봅니다. 이 글자만으로는 도무지 어디로 가야 할지 모르겠네요. 당신은 상궁에게 비단 조각을 보여 주며 조언을 구했어요.

 맞았어요. 《홍길동전》은 최초의 한글 소설로 허균이 썼어요.

"이 책을 꼭 읽어 보시오. 마음에 쏙 들 것이오."

그런데 갑자기 책방 주인의 표정이 어두워지더니 간절한 표정으로 물었어요.

"그나저나 우리 아들이 어젯밤부터 열이 펄펄 끓고 있어서 얼른 가 봐야겠소. 나라에서 우리 같은 서민들이 몸이 아플 때 치료받을 수 있는 곳을 운영한다고 들었는데, 거기가 어디인지 혹시 아시오?"

책방 주인이 궁금해하는 이곳은 어디일까요?

 혜민서라면 102쪽으로 가세요.

내의원이라면 32쪽으로 가세요.

의금부라면 41쪽으로 가세요.

오른쪽 길로 가니 벽으로 막혀 있군요. 다시 돌아가세요.
한양에는 더 많은 궁궐이 있답니다.

 36쪽으로 돌아가세요.

잘 알아냈어요! 앙부일구의 그림자 끝이 미시에 있으니까 지금은 오후 1시쯤이랍니다.

자시	축시	인시	묘시	진시	사시	오시	미시	신시	유시	술시	해시
23시~1시	1시~3시	3시~5시	5시~7시	7시~9시	9시~11시	11시~13시	13시~15시	15시~17시	17시~19시	19시~21시	21시~23시

그때 누군가 씩씩대며 당신을 쫓아왔어요. 자세히 보니 조금 전 종로에서 책 보따리를 훔쳐 달아나던 도둑이에요. 당신은 피하는 게 상책이다 싶어 사람이 많이 모인 곳 근처의 천막으로 뛰어 들어갔어요. 그곳에서 사자 꼬리가 달린 천을 뒤집어쓰고 놀이 패를 따라 얼떨결에 무대로 나갔지요. 슬쩍 밖을 살피니 도둑은 다른 곳으로 가 버린 것 같아요. 공연이 끝나자마자 당신은 그곳을 빠져나왔어요.

 98쪽으로 가세요.

틀렸어요!

이곳은 한양과 가까운 곳으로, 멀리서 온 말이나 멀리 떠나는 말에게 죽을 끓여 먹이는 곳이에요. 그래서 말죽거리라고 불렸지요. 지금의 서울 서초구 양재동 근처랍니다.

 113쪽으로 돌아가세요.

용케도 조선 시대에 쓰였던 상평통보를 잘 찾아냈군요. 상평통보의 둥근 윤곽선은 하늘을 나타내고, 가운데에 뚫린 네모는 땅을 나타낸다고 해요.

당신은 혹시 세자도 식사를 하러 이곳에 오지 않았을까 싶어 주모에게 세자의 초상화를 보여 주며 행방을 물었어요. 주모는 잠시 생각해 보더니, 아침나절에 이 청년이 국밥을 한 그릇 먹고 난 뒤 할아버지 신주(돌아가신 분을 기리기 위해 이름 등을 써 놓은 나무패)를 모신 곳에 가야겠다며 주막을 나섰다고 하는군요.

이제야 세자의 행방에 대한 실마리를 잡은 것 같아요. 세자의 할아버지라면 임금님이었겠군요. 왕들의 신주를 모신 곳은 어디일까요?

 종묘라면 70쪽으로 가세요.

 보신각이라면 80쪽으로 가세요.

잘못 생각했어요.

조선 후기에는 전문적으로 사람들에게 돈을 받고 책을 빌려주는 사람이 있었는데 이들을 세책가(貰冊家)라고 했어요. 전기수는 글을 모르는 사람들을 위해 이야기책을 맛깔나게 읽어 주는 역할을 했지요.

112쪽으로 돌아가세요.

의원이 《동의보감》을 펼치더니 서둘러 치료를 했어요.
"허준이 참 명의는 명의요. 치료법을 모를 때 《동의보감》을 찾아보면 다 나와 있으니 말이오."

당신은 치료를 시작하는 의원을 뒤로하고 종묘로 가기 위해 길을 나섰어요. 종묘에 다다르자, 문지기가 길을 막아서네요.
"이곳은 아무나 들어갈 수 없다!"
당신이 어떻게든 들어가야 한다고 사정을 하자, 딱하게 여긴 문지기가 나직이 말합니다.
"그렇다면, 당신이 이곳에 들어갈 만한 자격이 있는 사람인지 시험해 봐야겠소. 이 종묘만큼이나 중요한 사직에서는 누구에게 제사를 올리는지 말해 보시오. 이곳에 찾아왔다면 그 정도는 알고 있을 것 아니오!"
무엇이라 대답해야 할까요?

 곡식의 신이라고 대답한다면 112쪽으로 가세요.

 전쟁의 신이라고 대답한다면 95쪽으로 가세요.

정답입니다!

고려의 장군이었던 이성계가 바로 조선을 세운 태조입니다.

당신이 당당하게 답을 말하자 그제야 임금님이 당신을 믿는 눈치예요.

믿음이 가는군.
긴히 부탁하려던 일은 세자를 찾는 일이다.
당장 내일이 세자 책봉식인데, 세자가 오늘 아침 궁궐에서 감쪽같이 사라졌으니, 이 일을 어찌한단 말이냐!
자네가 은밀히 찾을 수 있겠나?

세자는 뭔가 중요한 사람인 게 분명해요! 세자는 어떤 사람을 가리키는 말일까요?

 다른 나라에 간첩으로 보낼 사람이라면 43쪽으로 가세요.

 왕의 아들 중 임금의 자리를 물려받을 사람이라면 58쪽으로 가세요.

 잘못 생각했어요. 오후 5시~오후 7시는 유시예요.

조선 시대에는 '자축인묘진사오미신유술해'로 이루어진 십이간지를 이용해 시간을 구분했어요. 첫 간지를 딴 자시는 밤 11시에서 새벽 1시까지를 가리켜요. 그리고 그다음 간지부터 두 시간 단위로 시간을 계산하지요. 이렇게 계산하면 해시는 몇 시일까요?

자시	축시	인시	묘시	진시	사시	오시	미시	신시	유시	술시	해시
23시~1시	1시~3시	3시~5시	5시~7시	7시~9시	9시~11시	11시~13시	13시~15시	15시~17시	17시~19시	19시~21시	21시~23시

 58쪽으로 돌아가세요.

'反(돌이킬 반)'자를 고르자 훈장이 당신을 의심스러운 눈으로 쳐다봅니다.
조선 시대에 이 글자는 반역을 의미하기도 했답니다.
더 의심받기 전에 다른 글자를 고르세요.

 40쪽으로 돌아가세요.

 내의원은 궁궐에서 아픈 사람을 치료하고 궁중에서 쓸 약을 짓는 곳이에요. 책방 아들 같은 서민을 치료하는 곳으로 다시 고르세요.

 22쪽으로 돌아가세요.

아니에요. 손을 자주 씻는 것은 예나 지금이나 무척 중요한 일이지만, 임금님이 계시는 건물 앞에 손 씻는 물을 두지는 않았어요. 어서 정답으로 바꿔 말해야 해요.

 114쪽으로 돌아가세요.

맞았어요!

수라간은 임금님의 식사를 준비하는 곳이에요.

그런데도 상궁은 의심의 눈초리를 거두지 않고 다시 질문을 하네요.

> 그럼 이곳 창덕궁에서 나라의 공식 행사를 치르는 중심 건물은 어디인지요?

 인정전이라면 114쪽으로 가세요.

 근정전이라면 68쪽으로 가세요.

 후원이라면 92쪽으로 가세요.

아니에요.

봉수대에서 천문 관측을 하지는 않아요. 조선 시대 천문 관측은 관천대라는 곳에서 했어요. 참고로 경주에 있는 신라의 첨성대는 우리나라에서 가장 유명한 천문 관측대이지요.

78쪽으로 돌아가세요.

▲ 창경궁 관천대

맞았어요! 전국 곳곳에 설치되어 있는 봉수대는 나라에 위급한 일이 생겼을 때 불과 연기를 이용해 신속하게 한양에 알리는 역할을 했어요. 낮에는 연기로, 밤에는 불빛으로 알렸지요.

서빙고로 들어가니 서늘한 기운이 온몸을 감싸는군요. 이곳은 미로 같이 되어 있어 길을 잃기 쉬운 곳이에요. 얼음이 보관되어 있는 가장 안쪽 방으로 가야 세자를 만날 수 있을 것 같아요.

앞에 두 갈래 길이 나왔어요. 어느 길로 가야 할까요? 주위를 둘러보니 벽에 다음과 같은 글자가 쓰여 있었어요.

한양에는 궁궐이 모두 몇 개인가?

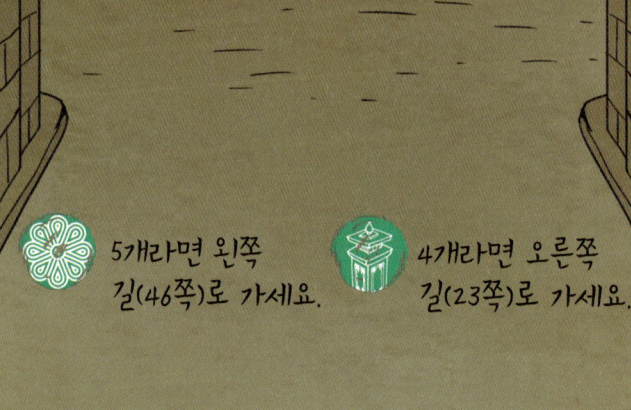

5개라면 왼쪽 길(46쪽)로 가세요.

4개라면 오른쪽 길(23쪽)로 가세요.

정확한 답이에요! 영조(1694~1776)는 무려 52년 동안 조선을 다스리며, 82세까지 장수했어요. 영조는 조선에서 가장 오래 산 임금님으로 기록되어 있지요.

당신의 대답에 세자가 안심하는 눈치예요. 하지만 다시금 얼굴빛이 어두워지네요. 당신은 세자에게 용기를 주고 싶어 삼전도 서당 훈장에게 받았던 '民(민)'자를 꺼내들고 세자의 눈을 바라보며 말합니다.

"세자 저하! 이것은 세자 책봉식을 앞두고 늘 백성을 생각하는 성군이 되시라는 뜻에서 서당의 한 아이가 쓴 글자입니다. 저하께서는 홍길동처럼 백성을 행복하게 해 줄 수 있는 분이옵니다. 두려워하지 마시고, 그 마음 절대 잊지 않으시면 됩니다!"

잠시 침묵하던 세자가 마음을 먹은 듯 대답해요.

"백성 민(民)자와 홍길동이라……. 그래! 내가 잠시 마음이 약해졌구나. 고맙다! 속히 궁궐로 돌아가자!"

 62쪽으로 가세요.

이방원은 조선을 세운 태조 이성계의 다섯 째 아들이에요. 나중에 조선의 세 번째 왕, 태종이 되었지요. 이방원이 조선 건국에 많은 역할을 한 것은 사실이지만 정답은 아니에요. 해태가 당신이 하는 말을 들었나 봐요. 눈썹을 꿈틀거리며 막 달려들려고 해요. 어서 다른 답을 말하세요.

 88쪽으로 돌아가세요.

그렇지 않아요. 현판을 포함하여 사대문은 모두 한양에서 가장 뛰어난 목수들이 만들었어요. 현판을 가로로 만드는 것은 그리 어렵지 않았을 거예요. 일부러 숭례문의 현판을 세로로 만든 데에는 다른 의미가 있어요.

 120쪽으로 돌아가세요.

잘 찾아왔어요! 서당은 아이들에게 천자문을 비롯한 기초 교육을 담당했던 곳이에요. 오늘날의 초등학교 같은 곳이지요.

아이를 데려다주자, 서당 훈장이 당신에게 고마워하며 글자가 쓰인 종이를 세 장 들고 오네요.

"감사의 표시로 줄 마땅한 것이 없어 아이들이 정성스레 쓴 글자를 주고자 하오. 마음에 드는 것을 한 장 골라 보시오."

기왕이면 세자를 만났을 때 도움이 될 만한 것을 고르는 것이 낫겠어요.

 113쪽으로 가세요.   53쪽으로 가세요.   31쪽으로 가세요.

 어휴, 이곳에 데려갔다가는 책방 아들의 병이 낫기는커녕 겁에 질려 더 아플지도 몰라요.

의금부는 왕명을 받아 반역과 같은 큰 죄를 지은 사람을 잡아 조사하고 벌을 주는 곳이에요.

 22쪽으로 돌아가세요.

이것은 건물의 이름을 표시하기 위해 거는 현판이에요. 이렇게 크고 무거운 것을 들고 다니다가는 몇 걸음도 못 가 다리가 후들거릴 거예요.

 84쪽으로 돌아가세요.

 아니에요.

조선 시대에도 필요할 때 다른 나라에 간첩을 보내기도 했어요. 하지만 이런 간첩은 세자가 아니라 '세작(細作)'이라고 불렸답니다.

 29쪽으로 돌아가세요.

대단하군요! 숭례문의 현판을 세로로 쓴 이유는, 불의 산이라 여겨지는 남쪽 관악산의 기운을 누르기 위해서였어요. 글자를 세로로 써서 성문 아래를 막으면 불의 기운이 들어오지 못한다고 믿었지요.

꼬르륵! 당신의 배에서 나는 소리예요. 어느새 점심시간이군요. 숭례문을 나서니 칠패 시장이 나왔어요. 당신은 가장 가까운 주막으로 달려가 허겁지겁 국밥을 한 그릇 시켜 먹었어요.

휴, 이제야 좀 살 것 같군요. 배를 두드리며 주모에게 돈을 주려는데 아뿔싸! 돈의 종류가 두 가지예요. 어떤 돈으로 내야 할까요?

상평통보라면 26쪽으로 가세요.

은병이라면 8쪽으로 가세요.

이것은 고구려에서 숭배했던 삼족오라는 새예요. 삼족오는 전설 속에 나오는 다리가 세 개인 까마귀예요. 신비한 모습이지요? 하지만 신비한 모습에 감탄할 시간이 없어요. 어서 해태를 찾아서 세자의 행방에 대한 단서를 찾아야 해요!

 10쪽으로 돌아가세요.

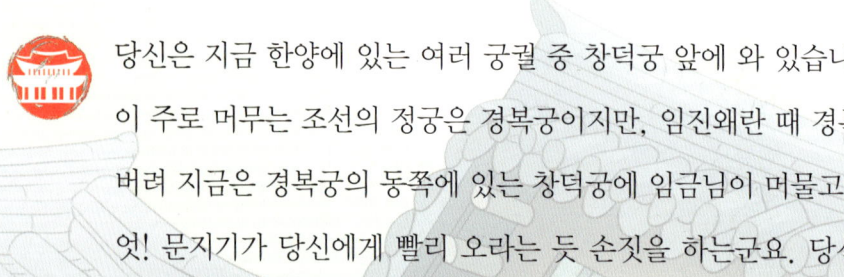

당신은 지금 한양에 있는 여러 궁궐 중 창덕궁 앞에 와 있습니다. 임금님이 주로 머무는 조선의 정궁은 경복궁이지만, 임진왜란 때 경복궁이 불타버려 지금은 경복궁의 동쪽에 있는 창덕궁에 임금님이 머물고 있어요.
엇! 문지기가 당신에게 빨리 오라는 듯 손짓을 하는군요. 당신이 다가가자 "어서 들어가게. 자네가 바로 그 사람이구만! 전하께서 아무것도 묻지 말고 신속히 들여보내라고 하셨네."라고 하네요.

무슨 영문인지 모르겠지만, 일단 궁궐로 들어간 당신은 어디선가 나는 맛있는 냄새에 이끌려 발걸음을 옮겼어요. 맛있는 냄새가 나는 건물에 다다르자 온갖 음식이 차려져 있네요! 당신이 음식을 보고 군침을 삼키는 순간, 앞치마를 단정하게 차려입은 상궁이 당신을 발견하고 소리쳤어요.

> 처음 보는 사람이군요. 여기서 일하는 분이시라면 임금님의 식사를 준비하는 이곳을 뭐라고 부르는지 아실 테지요. 이곳의 이름이 무엇이오?

 춘추관이라고 대답한다면 93쪽으로 가세요.

 수라간이라고 대답한다면 34쪽으로 가세요.

 상의원이라고 대답한다면 79쪽으로 가세요.

정답입니다!
정도전은 태조 이성계의 두뇌 역할을 톡톡히 한 신하예요. 이성계의 신임을 받은 정도전은 수도 한양을 설계한 것은 물론, 경복궁과 사대문 이름, 경복궁 주변 곳곳의 이름을 지었지요.

네가 지니고 있는 비단 조각을 펼쳐 보아라.

당신이 비단 조각을 가지고 있다는 것을 해태가 어떻게 알았을까요? 신기하군요. 당신은 해태의 말대로 비단 조각을 펼쳐 보았어요. 그랬더니 앗! 아까의 네 글자 중 예(禮)자에 동그라미가 쳐져 있어요! 이게 무슨 뜻인지 해태에게 다시 물어봤지만, 해태는 더 이상 아무 말도 하지 않아요.

아무래도 공부를 많이 해서 학문이 뛰어난 사람을 찾아가야겠어요. 조선 최고의 학교에 간다면 도움을 받을 수 있겠지요?
조선 최고의 학교는 어디일까요?

 향교라면 69쪽으로 가세요.

 성균관이라면 90쪽으로 가세요.

 홍문관이라면 119쪽으로 가세요.

오후 5시쯤이라고요? 시각을 잘못 읽었어요.

눈을 크게 뜨고 다음 표와 그림자 끝의 위치를 잘 살펴보세요.

자시	축시	인시	묘시	진시	사시	오시	미시	신시	유시	술시	해시
23시~1시	1시~3시	3시~5시	5시~7시	7시~9시	9시~11시	11시~13시	13시~15시	15시~17시	17시~19시	19시~21시	21시~23시

오(말)시

사(뱀)시

미(양)시

진(용)시

신(원숭이)시

묘(토끼)시

유(닭)시

인(호랑이)시

술(개)시

축(소)시

해(돼지)시

자(쥐)시

 12쪽으로 돌아가세요.

당신이 '凶(흉할 흉)'자를 고르자, 훈장의 표정이 굳어집니다.

이 글자는 불길하다는 뜻을 가진 글자예요.

얼른 다른 글자를 고르세요.

 40쪽으로 돌아가세요.

맞았어요!

조선 왕실에서는 잠실에 뽕나무 밭을 만들어 누에를 길렀어요. 뽕잎은 누에가 가장 좋아하는 먹이거든요. 그리고 누에고치에서 실을 뽑아내 이 실로 비단을 만들었지요. 왕실에서는 백성에게 모범을 보이기 위해 손수 누에를 길렀답니다.

당신이 황급히 소매에서 누에를 털어 내니 어디선가 울음소리가 들렸어요. 소리를 따라가니 한 아이가 울고 있네요. 아이를 달랜 뒤 이유를 물으니 길을 잃었다고 해요. 이 아이의 집은 삼전도 마을의 서당이라고 하는군요. '삼전도'라는 말에 당신은 눈이 번쩍 뜨였지요. 지도를 한 번 더 살펴본 뒤 삼전도 마을을 찾아가니 마을 앞에 커다란 비석이 하나 서 있어요. 그 비석을 가리키며 아이가 말했어요.

선비님! 여기가 삼전도 마을이에요. 이 비석은 제가 태어나기 전부터 서 있었던 삼전도비예요. 서당에서 병자호란 때 우리나라가 굴욕당한 일이 기록되어 있다고 들었는데 도대체 어떤 나라와 있었던 일인가요?

이 정도는 제대로 알려 줘야 아이 앞에서 체면이 설 것 같군요.

 일본이라면 13쪽으로 가세요.

 몽골이라면 87쪽으로 가세요.

 청이라면 104쪽으로 가세요.

 이 옷은 스님의 옷이랍니다. 이 옷을 입으려면 머리부터 빡빡 밀어야겠군요. 더군다나 조선 시대에는 스님이 좋은 대우를 받지 못해서 다니기에도 불편할 것 같아요.
아무래도 다른 옷으로 다시 골라야겠어요.

 110쪽으로 돌아가세요.

틀렸어요.

도교가 민간 신앙으로 유행한 것은 맞지만, 성균관에서 주로 공부했던 학문은 따로 있었어요.

유생이 무척 바빠 보여요. 어서 정답을 바꿔 말해요.

 90쪽으로 돌아가세요.

맞습니다. 세자는 왕의 아들 중 다음 왕이 될 사람을 말해요. 그렇게 중요한 사람이라면 당연히 찾아야겠지요.

당신이 수락하자, 임금님의 얼굴에 화색이 돕니다. 당신은 얼떨결에 세자를 찾아오는 임무를 맡게 되었군요. 임금님이 당신에게 세자가 남기고 간 비단 조각과 세자의 인상착의가 그려진 초상화, 약간의 노잣돈을 주며 말했어요.

서둘러 떠나거라! 만약 한양 지도가 필요하다면 영의정 대감을 찾아가거라. 잊지 말고 금일 '해시'까지는 돌아와야 한다. 그 시각에 종소리와 함께 성문과 궐문이 닫히니 그때까지 못 돌아온다면 자네도 무사하지 못할 게야!

해시는 대체 몇 시일까요?

 오후 5시~7시라면 30쪽으로 가세요.

 오후 7시~9시라면 76쪽으로 가세요.

 오후 9시~11시라면 84쪽으로 가세요.

한성부는 조선의 수도인 한양을 관리하기 위한 관청이었어요. 지금으로 치면 서울 시청과 비슷하지요. 한성은 한양의 또 다른 이름이랍니다. 그나저나 영의정 대감은 이곳에 없군요.

 74쪽으로 돌아가세요.

아니에요.

《명심보감》은 고려 때 중국에서 전해 내려오는 좋은 말을 모아 놓은 책이에요. 주로 어린이들이 이 책을 읽고 공부했어요.

《명심보감》에는 세상을 살아가는 지혜에 대한 이야기, 부모님과 나라를 위한 올바른 태도에 대한 명언이 담겨 있답니다.

 102쪽으로 돌아가세요.

 당신이 세자를 데리고 무사히 궁궐에 도착하자 임금님이 당신에게 귀한 선물을 주겠다고 해요.

> 자네 덕분에 세자 책봉식을 무사히 치를 수 있게 되었네. 내 자네에게 귀한 백자를 하사하겠다.

맞았어요! 지금처럼 냉장고가 없던 조선 시대에는 한겨울에 한강의 얼음을 캐서 일년 내내 빙고(얼음 창고)에 보관해 두고 필요할 때 꺼내 썼어요. 지도를 보니 서빙고로 가기 위해서는 압구정에서 배를 타고 강을 건너가야겠군요. 서둘러 서당을 빠져나온 당신은 마패를 이용해 말을 빌리기로 해요. 마침 가까운 곳에 '역(驛)'이라고 쓰인 관청이 있네요. 당신은 마패를 보여 주고 역졸을 따라 마구간으로 갔어요. 역졸이 당신에게 좋은 말을 추천해 주네요.

저기 저 말은 어제 제주도에서 올라온 조랑말인뎁쇼. 야무지고 옹골차게 생긴 것이 아주 튼튼해 보이지 않습니까요?

정답이 아니에요. 돈화문은 지금 당신이 있는 창덕궁의 정문이에요. 이곳에는 상궁이 말한 해태가 없네요.

▲창덕궁 돈화문

 20쪽으로 돌아가세요.

안타깝게도 정답이 아니군요.

압구정은 지금의 서울 압구정동에 있었던 정자 이름이에요. 압구정이라는 이름은 세조의 책사였던 한명회가 지었다고 알려져 있어요.

 98쪽으로 돌아가세요.

정답과 이름이 비슷하지만 틀렸어요. 근정전은 경복궁의 중심 건물이에요. 임금님이 '근면하게 정치에 힘쓰라'는 뜻으로 조선의 건국 공신인 정도전이 붙인 이름이랍니다.

 34쪽으로 돌아가세요.

▲ 경복궁 근정전

당신은 지나가는 사람에게 향교에 어떻게 가느냐고 물었어요. 그러자 그 사람이 향교는 지방에 있는 교육 기관이라 한양에서 가려면 시간이 많이 걸린다고 하네요. 게다가 향교는 조선 최고의 학교가 아니라고 했어요. 향교는 나라에서 지방 곳곳에 설치했던 학교예요. 하마터면 시간을 낭비할 뻔했어요.

▲나주목 관아와 나주향교

50쪽으로 돌아가세요.

그렇습니다! 왕들의 신주를 모셔 놓고 제사를 지내는 곳이 바로 종묘이지요. 당신은 영의정 대감에게 받은 지도에서 종묘 가는 길을 찾아봤어요. 종로를 거쳐 가는 것이 가장 빠르겠군요.

종로를 향해 걸어가는데 어떤 사내가 보따리를 들고 뛰고, 그 뒤를 따라 "도둑이야!"를 외치며 다른 남자가 쫓고 있어요. 당신은 생각할 겨를도 없이 도둑을 막아서려다 도둑과 부딪치면서 쓰러져 바닥에 뒹굴고 말았지요. 정신을 차려 보니 도둑은 벌써 사람들 속으로 사라져 버렸어요. 뒤쫓아 온 남자가 도둑이 떨어뜨린 보따리 속 책을 살피며 당신에게 고마워하는군요. 이 남자는 책방 주인인가 봐요.

아니에요!
단군왕검은 우리 역사 최초의 나라인 고조선의 시조랍니다.

 103쪽으로 돌아가세요.

▲단군 영정

정몽주도 고려 말의 유명한 성리학자이지만, 조선 건국에는 반대했어요. 후세 사람들은 그를 고려의 충신으로 기억해요.

 88쪽으로 돌아가세요.

▶ 정몽주 초상

그렇습니다. 조선은 유교 사상을 바탕으로 건국되었고, 유교의 원리로 나라가 운영되었지요. 앞으로 조선을 이끌 인재가 모인 성균관에서도 유교의 한 종류인 성리학을 교육했어요.

유생이 "이건 한양의 사대문과 관계가 있어 보이네. 힙! 그럼 난 볼일이 급하니 이만 안녕히 가시게!"라고 말하며 바삐 사라졌어요.

사헌부라면 106쪽으로 가세요.

병조라면 97쪽으로 가세요.

의정부라면 14쪽으로 가세요.

한성부라면 60쪽으로 가세요.

성균관을 나와 다시 광화문이 보이는 거리에 선 당신. 지도가 없으니 길을 찾기가 너무 힘드네요. 그때 문득 임금님의 말이 떠올랐어요. 아무래도 영의정 대감께 한양 지도를 얻으러 가야겠어요.
그런데 영의정 대감을 만나려면 어디로 가야 할까요?

아니에요. 오후 7시~오후 9시는 술시예요.

조선 시대에는 '자축인묘진사오미신유술해'로 이루어진 십이간지를 이용해 시간을 구분했어요. 첫 간지를 딴 자시는 밤 11시에서 새벽 1시까지를 가리켜요. 그리고 그다음 간지부터 두 시간 단위로 시간을 계산하지요. 이렇게 계산하면 해시는 몇 시일까요? 다시 계산해 보세요.

자시	축시	인시	묘시	진시	사시	오시	미시	신시	유시	술시	해시
23시~1시	1시~3시	3시~5시	5시~7시	7시~9시	9시~11시	11시~13시	13시~15시	15시~17시	17시~19시	19시~21시	21시~23시

 58쪽으로 돌아가세요.

이것은 호패라고 하는 조선 시대의 신분증이에요. 이곳에는 이름과 사는 곳을 표기했답니다. 오늘날의 주민등록증과 같은 역할을 했지요. 다시 생각해 보세요.

 84쪽으로 돌아가세요.

당신은 조랑말을 타고 바람처럼 달려 압구정 나루터에 도착했어요. 다행히 배가 막 떠나기 직전이에요. 당신이 올라타자마자 배가 나루터를 떠나는군요. 저 멀리 응봉산과 목멱산(남산)이 보여요. 한양이 이렇게 아름다운 곳이었다니!

그때 당신의 감상을 깨며 사공이 말을 겁니다.

"저기 보입니까요? 목멱산 봉수대라는데, 당최 저것이 뭐하는 곳인지 모르겠단 말이지요. 혹시 알면 좀 가르쳐 주실라요?"

뭐라고 대답해야 할까요?

외적의 침입을 알리는 곳이라면 36쪽으로 가세요.

경치를 감상하는 곳이라면 85쪽으로 가세요.

천문 관측을 하는 곳이라면 35쪽으로 가세요.

아니에요.

상의원은 임금과 왕비, 궁궐에서 일하는 사람들의 옷을 만들고 관리하던 곳으로, 음식과는 관계가 없어요.

 48쪽으로 돌아가세요.

보신각에는 세자 할아버지의 신주가 없어요. 대신 이곳에는 커다란 종이 있답니다. 조선 시대에는 오늘날과 달리 시계가 보급되지 않았기 때문에 보신각에서 종을 쳐서 사람들에게 시각을 알려 주었지요.

▲보신각

 26쪽으로 돌아가세요.

 서쪽으로 갔더니 대문 현판에 '돈의문(敦義門)'이라고 쓰여 있군요. 돈의문은 아무래도 '의(義)'자와 관련이 있나 봐요. 서둘러 다른 문으로 가야 할 것 같아요.

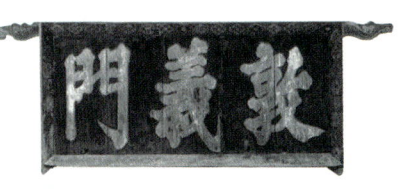

14쪽으로 돌아가세요.

비슷하지만 아니에요.

조선 후기에는 책을 손으로 직접 베껴 쓰는 사람들이 있었어요. 하지만 이들을 전기수라고 부르지는 않았어요. 필사하는 사람이 손으로 이야기책을 베껴 썼다면, 전기수는 글을 모르는 사람들을 위해 이야기책을 맛깔나게 읽어 주는 역할을 했지요.

 112쪽으로 돌아가세요.

아니에요!

물론 조선 시대에도 세종 때 장영실이 발명한 자격루라는 물시계가 있긴 했어요. 하지만 당신이 넘어뜨린 물통과는 관련이 없어요. 임금님이 당신을 끌어내기 전에 다시 말하세요.

 114쪽으로 돌아가세요.

▲자격루

아하! 오후 9시~오후 11시에 들어오면 되겠군요. 조선 시대에는 '자축인 묘진사오미신유술해'로 이루어진 십이간지를 이용해 시간을 구분했어요. 첫 간지를 딴 자시는 밤 11시에서 새벽 1시까지를 가리켜요. 그리고 그다음 간지부터 두 시간 단위로 시간을 계산하지요.

자시	축시	인시	묘시	진시	사시	오시	미시	신시	유시	술시	해시
23시~1시	1시~3시	3시~5시	5시~7시	7시~9시	9시~11시	11시~13시	13시~15시	15시~17시	17시~19시	19시~21시	21시~23시

임금님이 말을 이었어요.

"이번 일은 절대 외부에 알려져서는 아니 된다. 최대한 은밀히 움직이도록 하라! 마패를 하사하겠으니 가져가거라."

무엇을 가져가야 할까요?

 110쪽으로 가세요.

 77쪽으로 가세요.

 42쪽으로 가세요.

아니에요.
봉수대가 높은 곳에 있기 때문에 이곳에서 내려다보는 경치는 정말 아름답기는 할 거예요. 하지만 봉수대는 중요한 곳이라 아무나 올라갈 수 없었답니다.

 78쪽으로 돌아가세요.

우르릉 쾅쾅!

당신이 벽돌을 한 개만 밀어 넣고 문이 열리기를 기다리자 어디선가 우르릉 하는 큰 소리가 들리고 바닥이 흔들리는 느낌이 나더니 복도 뒤쪽부터 무너지기 시작했어요. 깜짝 놀란 당신은 재빨리 밀어 넣었던 벽돌을 다시 제자리로 돌려놓았지요. 그러자 소리가 잦아들더니 땅바닥의 흔들림도 이내 멈추었어요.

휴, 다행이네요. 다시 한 번 잘 생각해 보세요. 조선의 왕 중에는 다른 왕들과 달리 'ㅇㅇ군'으로 불리는 왕들이 있습니다.

 46쪽으로 돌아가세요.

 틀렸어요.

몽골은 고려 때 쳐들어왔어요. 조선 시대에는 이미 몽골의 세력이 약화되어 명나라에 의해 북방으로 쫓겨 갔지요.

 54쪽으로 돌아가세요.

 당신이 광화문 가까이 가자 해태 석상이 모습을 드러냈어요. 석상에 다가가니 해태가 두 눈을 부릅뜨고 당신을 노려보며 소리쳤어요.

넌 누구냐!

당신이 사정을 말하고 세자의 행방을 묻자, 해태가 단호하게 말했어요.
"내가 내는 문제를 맞히면 도움을 주겠다. 태조 이성계를 도와 조선을 건국하고 경복궁의 이름을 지은 성리학자는 누구인지 답하라!"

 정도전이라면 50쪽으로 가세요.

 이방원이라면 38쪽으로 가세요.

 정몽주라면 73쪽으로 가세요.

성균관에 간 당신이 주위를 두리번거리는데, 한 유생이 황급히 문을 열고 나왔어요. 당신은 바삐 사라지려는 유생을 붙잡고 비단 조각을 보여 주며 무슨 의미인지 묻자, 도리어 유생이 질문을 하네요. "인의예지(仁義禮智). 이것은 우리가 이곳, 성균관에서 공부하는 학문과 깊은 관련이 있소. 그게 무엇인지 아시오?"

정답이 아니에요.

후원은 창덕궁의 뒤편에 있는 정원이에요. 창경궁과 맞닿아 있기도 하지요. 이곳은 큰 나무와 멋진 연못이 어우러진 아름다운 곳이랍니다.

34쪽으로 돌아가세요.

▲ 창덕궁 후원의 주합루와 부용지

아니에요!

춘추관은 실록 편찬을 비롯하여 역사서를 쓰고 관리하던 곳이에요. 유네스코 세계 기록 유산으로 지정된 〈조선 왕조 실록〉도 이곳에서 편찬되었지요.

▲ 〈조선 왕조 실록〉 오대산 사고본.

 48쪽으로 돌아가세요.

이것은 해태가 아니라 현무랍니다.

거북이와 뱀이 합쳐진 모양의 현무는 도교에서 북쪽을 지키는 신이라고 여겨졌지요. 해태는 사자를 닮았다고 해요.

 10쪽으로 돌아가세요.

틀렸어요.

조선은 전쟁보다는 농사를 중요하게 생각했어요. 왜냐하면 대부분의 백성이 농사를 짓고 살았기 때문이지요. 다시 한 번 생각해 보세요.

 28쪽으로 돌아가세요.

아니에요.

당시 대부분의 백성들은 한자를 읽을 줄도, 쓸 줄도 몰랐어요. 뭔가 다른 이유가 있을 거예요. 다시 생각해 보세요.

120쪽으로 돌아가세요.

병조는 육조(이조, 호조, 예조, 병조, 형조, 공조)의 한 관청으로, 주로 군사와 관련된 사무를 보았어요.

영의정 대감은 이곳에서 일하지 않아요.

 74쪽으로 돌아가세요.

흥인지문 근처에 다다르자, 전기수가 사람들을 모아 놓고 한창 이야기를 하고 있어요. 전기수의 이야기가 끝나자마자 당신은 전기수에게 다가가 세자의 초상화를 보여 주며 행방을 물었어요.

"아! 기억나오. 이자는 방금 전에 했던《홍길동전》을 듣고는 또 다른 한글 소설 이야기가 없냐며 물었더랬지. 내가 삼전도 마을에 다양한 한글 소설을 필사해서 장사하는 자가 있다고 하니 그리로 간다며 떠났다오. 삼전도 마을은 강 건너 뽕밭을 지나면 나온다네."

당신은 서둘러 지도를 살폈어요.

어디로 가야 할까요?

(15쪽 지도를 참고하세요.)

왕십리라면
16쪽으로 가세요.

압구정이라면
67쪽으로 가세요.

잠실이라면
100쪽으로 가세요.

흥화문에 도착했지만, 해태는 찾을 수 없네요.
흥화문은 경희궁의 정문이에요.

20쪽으로 돌아가세요.

잠실에 다다른 당신이 주위를 둘러보니 듣던 대로 온통 뽕나무뿐이네요. 그때 팔에 뭔가 툭 떨어졌어요. 으악! 당신은 깜짝 놀라 소리를 질렀지요. 뽕잎을 먹고 사는 이 벌레는 무엇일까요?

 누에라면 54쪽으로 가세요.

 지네라면 108쪽으로 가세요.

아무리 멋져 보여도 이런 갑옷은 활동할 때 불편할 거예요. 게다가 너무 눈에 띄어 은밀히 수행해야 하는 임무에도 방해가 되고요. 갑옷과 투구는 전쟁터에 어울릴 것 같아요.

다른 옷으로 바꾸세요.

 110쪽으로 돌아가세요.

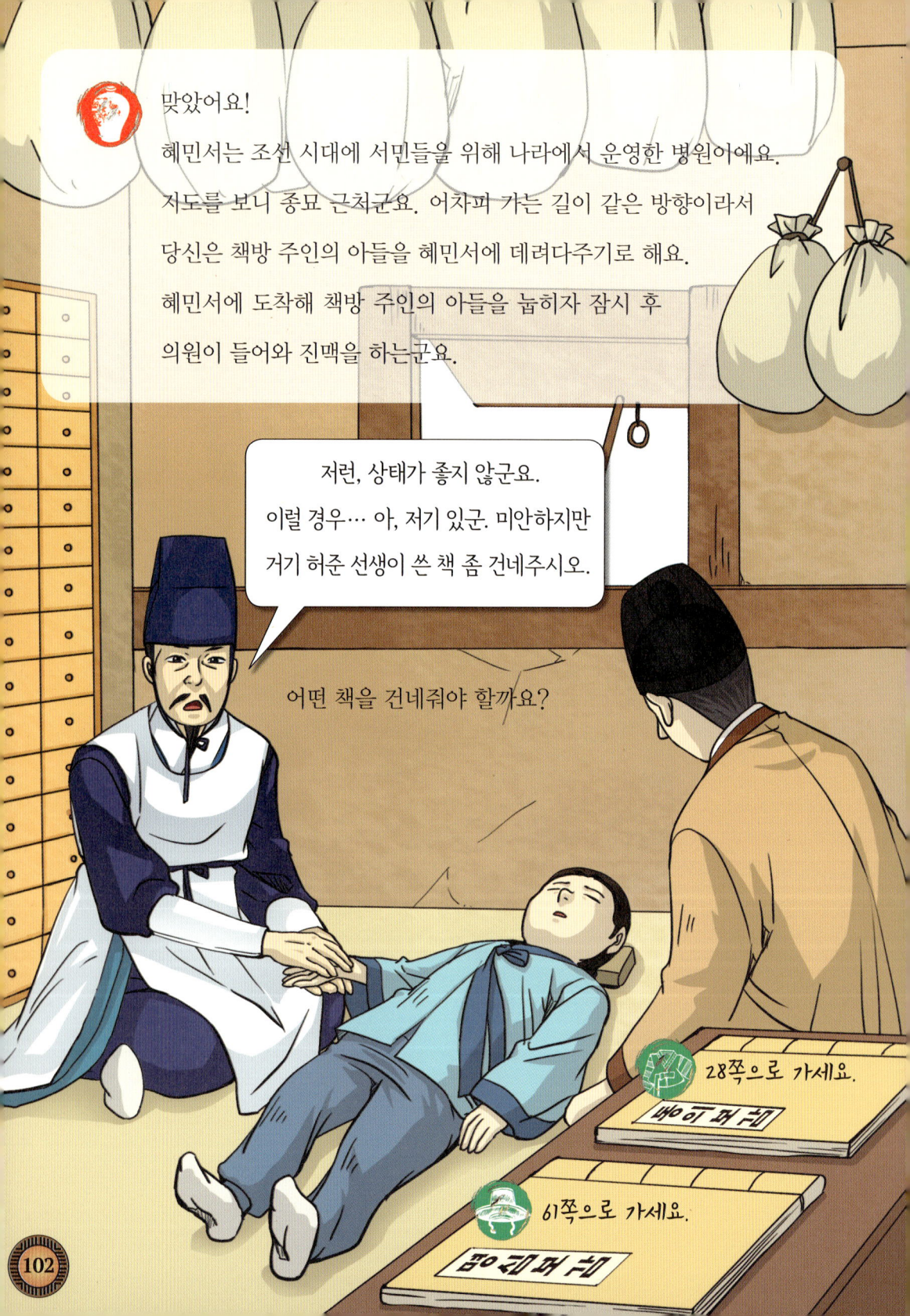

다행이에요, 정답입니다!

당신이 걸려 넘어진 물통의 이름은 '드므'예요. 궁궐의 건물은 나무로 지어졌는데, 나무는 불에 잘 타지요. 그래서 불을 막기 위해 건물의 사방에 드므를 놔두었어요. 불이 나면 이 물로 불을 끄냐고요? 아니에요. 드므에 담긴 물은 양이 굉장히 적어서 직접 불을 끄지는 못해요. 옛날 사람들은 화마(火魔, 불귀신)가 왔다가 드므의 물 표면에 비친 자기 모습을 보고 놀라서 도망간다고 믿었답니다.

임금님이 화를 누그러뜨리며 말했어요.

"드므의 용도를 알고 있는 걸 보니 첩자는 아닌 것 같군. 자네가 나의 특명을 받들 바로 그 사람인가? 내 그 일을 자네에게 부탁하기 전에 한 번 더 시험해 보겠다. 짐은 이곳에서 밤낮으로 백성을 위해 많은 일을 고민하고 있다. 그렇지만, 우리 조선을 세운 태조 대왕께서 보시기에는 여전히 부족할 게야. 태조 대왕이 누구인지 대답해 보거라."

 태조 왕건이라고 답한다면 9쪽으로 가세요.

 태조 이성계라고 답한다면 29쪽으로 가세요.

 단군왕검이라고 답한다면 72쪽으로 가세요.

 맞았어요!

병자호란 당시 임금님이었던 인조는 남한산성으로 피난을 갔지만 청나라 병사들에게 포위되어 한 달 정도 버티다가 결국 항복했어요. 그리고 인조는 청나라 황제에게 항복의 표시로 굴욕적인 삼배구고두(세 번 절하는데, 한 번 절할 때마다 바닥에 머리를 세 번씩 조아리는 의식)를 해야 했대요. 청나라 황제는 그 후에 이 내용을 비석에 적어 항복 의식을 치렀던 삼전도에 세우게 했어요.

금줄에 고추가 매달린 집이라면 11쪽으로 가세요.

사헌부는 관리들의 비리를 감시하고 단속하던 관청이었어요. 오늘날의 감사원과 비슷한 역할을 했던 곳이지요.

영의정 대감은 정부의 최고 기관에 가야 만날 수 있어요.

 74쪽으로 돌아가세요.

이것은 하마석이에요. 하마석은 신분이 높은 사람들이 말에 오르내릴 때 발을 디디라고 설치한 돌이에요.

하마석이 시각을 알려 주지는 않아요.

시간이 없어요, 빨리 다른 것을 찾아야 해요.

 118쪽으로 돌아가세요.

 아니에요.
다리가 매우 많이 달려 있는 지네는 뽕나무 밭이 아니라 축축한 흙 속에서 살아요.

 100쪽으로 돌아가세요.

아니에요!
삼국 시대에 우리나라에 처음 들어온 불교는 고려 시대까지 왕실의 보호를 받으며 발전했어요. 하지만 조선 시대에는 탄압을 받았지요. 지금 유생이 무지 바빠 보여요. 어서 정답을 바꿔 말하세요.

 90쪽으로 돌아가세요.

잘 골랐어요! 마패를 가지고 있으면 역(驛)에서 말을 빌릴 수 있어요. 임금님에게 특별한 임무를 받았던 암행어사도 이 마패를 꼭 품고 다녔지요.

당신은 마패를 얼른 집었어요. 그러자 곁에 있던 상궁이 당신을 별실로 데려가는군요.

"자, 이곳에서 적당한 옷을 갈아입고 나오시게나. 되도록이면 눈에 띄지 않게 평범한 선비의 옷을 입는 게 좋을 것 같네만."

어떤 옷을 입어야 할까요?

56쪽으로 가세요.

101쪽으로 가세요.

117쪽으로 가세요.

20쪽으로 가세요.

정답입니다. 종묘는 선대의 왕들에게 제사를 지내는 곳이고, 사직단은 땅의 신과 곡식의 신에게 제사를 지내는 곳이지요.

종묘를 둘러보는데, 한 신위 아래에 뭔가 놓여 있군요. 가까이 가 보니 조금 전 책방 주인이 주었던 것과 같은 《홍길동전》이에요! 그렇지만 도무지 세자가 다음에 어디로 갔을지는 감이 잡히지 않는군요.

당신이 터덜터덜 걸어 나오자, 문지기가 당신이 들고 있는 《홍길동전》을 보더니 반가운 듯 말합니다.

"그건 《홍길동전》이 아닌가! 나도 얼마 전 흥인지문 근처의 전기수 덕분에 아주 재미있게 감상했지."

전기수? 혹시 세자도 그 전기수에게 가지 않았을까요?

그런데 전기수는 무슨 일을 하는 직업일까요?

 이야기꾼이라면 118쪽으로 가세요.

 필사하는 사람이라면 82쪽으로 가세요.

 책을 빌려주는 사람이라면 27쪽으로 가세요.

당신이 '民(백성 민)'자를 고르자 훈장이 흡족한 미소를 짓습니다.

"탁월한 선택입니다! 이 작품은 내일 있을 세자 책봉식을 생각하며 한 아이가 쓴 글자입니다. 세자 저하가 훗날 성군이 되어 항상 백성들을 생각하며 어진 정치를 해 달라는 마음에서 썼다는군요."

당신은 글자가 쓰인 종이를 소매에 넣고 훈장에게 한글 소설을 필사하는 사람이 어디에 사는지 물었지요. 그러자 훈장이 그 사람이 바로 자신이라고 하는군요! 당신은 세자의 초상화를 보여 주면서 행방을 물었어요.

"그 사람이 부당한 세상에 저항한 홍길동처럼 사회 모순에 맞서는 인물이 나오는 소설이 또 있냐고 묻기에, 내 막 필사를 끝낸 춘향전을 주었소. 그 자리에서 소설의 앞부분을 읽더니 가슴이 답답하고 화가 난다며 열을 식히기 위해 한양에서 가장 서늘한 곳으로 가겠다며 길을 나섰소."

당신은 재빨리 지도를 꺼내 살펴봤어요. 어디로 가야 할까요?

 서빙고라면 64쪽으로 가세요.

 말죽거리라면 25쪽으로 가세요.

맞았어요. '어진 정치를 하라'는 뜻을 담고 있는 인정전은 창덕궁의 중심 건물이랍니다. 이곳에서 나라의 중요한 행사가 주로 열리지요.

상궁이 의심의 눈초리를 거두자 당신은 인정전으로 향했어요. 인정전에 임금님이 계신지 알아보기 위해 살짝 엿보려는데, 뒤에서 발자국 소리가 들리지 뭐예요! 당황한 당신은 도망치려다 그만 건물 앞에 놓인 청동 물통에 발이 걸려 넘어지고 말았어요!

웬 놈이냐? 감히 드므를 엎다니! 네놈은 일본의 첩자렷다!

결국 임금님 앞으로 끌려간 당신에게 성난 임금님이 호통을 쳤어요.
"첩자가 아니라면 네가 조금 전에 넘어뜨린 물통의 용도가 뭔지 말해 보라!"

- 손 씻는 물을 담아 두는 물통이라고 한다면 33쪽으로 가세요.
- 시간을 알려 주는 물시계라고 한다면 83쪽으로 가세요.
- 궁궐의 건물을 화재로부터 보호하는 용도라고 한다면 103쪽으로 가세요.

아니에요. 단종(1441~1457)은 16세의 어린 나이에 작은아버지였던 세조의 명령으로 죽임을 당하고 말았어요.

 122쪽으로 돌아가세요.

이 옷은 오늘날의 경찰청장 역할을 했던 포도대장의 옷이에요. 이 옷을 입고 여기저기 다니면 세자가 없어졌다는 사실이 저잣거리에 금방 퍼질지도 몰라요.
다시 생각해 보세요.

 110쪽으로 돌아가세요.

잘 알고 있군요. 조선 시대에는 글을 읽을 수 있는 사람이 많지 않았기 때문에 전기수처럼 책을 읽어 주는 직업이 있었어요.

그나저나 그동안 시간을 너무 지체한 것 같아요. 해시까지 궁궐로 돌아가야 하는데, 일단 지금이 몇 시인지부터 알아봐야겠어요.

무엇을 보면 시각을 알 수 있을까요?

 12쪽으로 가세요.

 107쪽으로 가세요.

아이쿠!

홍문관에 갔더니 이곳을 관리하는 사람들이 당신을 쫓아냅니다. 이곳은 경전과 역사서로 가득해요. 이곳에서도 학문을 연구하긴 하지만, 학교는 아니에요. 어서 조선 최고의 학교를 찾아야 해요.

 50쪽으로 돌아가세요.

 잘 찾아왔어요! 숭례문(崇禮門)은 유교의 덕목 중 예(禮)를 상징하는 문이에요.

그런데 뭔가 이상해요. 현판의 숭례문이라는 글자가 어색하게 세로로 쓰여 있군요. 보통 현판의 글씨는 가로로 쓰여 있는데 말이에요.

숭례문의 현판 글자는 왜 세로로 썼을까요?

 불기운을 막기 위해서라면 44쪽으로 가세요.

 가로로 된 현판을 만들기 어려워서라면 39쪽으로 가세요.

 백성들이 읽기 쉽게 하기 위해서라면 96쪽으로 가세요.

 그렇습니다! 신하들에 의해 왕위에서 쫓겨난 왕은 연산군과 광해군이지요. 나머지 왕들은 'ㅇ조'나 'ㅇ종'으로 불리는데, 이들만 'ㅇㅇ군'이라고 불리는 이유가 여기에 있었군요.

열린 문을 지나자 당신은 안쪽 방에서 걱정스러운 표정으로 고뇌하는 세자를 발견했어요. 세자는 하얀 입김을 내뿜으며 낮게 중얼거렸지요.

"백성들은 화가 나 있는 것 같다. 신분 차별 때문에 아버지를 아버지라 부르지 못했던 홍길동의 이야기에 백성들이 열광하고, 사리사욕을 채우는 관리를 벌해 줬으면 하는 소망을 담은 춘향전이 널리 읽히니……. 과연 내가 다음 왕위에 올라 백성들을 잘 다스릴 수 있을까? 두렵도다."

세자의 어깨를 짓누르는 부담감이 느껴지는군요. 당신은 세자에게 왠지 작은 위로라도 해 주고 싶어요. 그때 인기척을 느낀 세자가 깜짝 놀라며 당신을 경계하네요! 당신이 자초지종을 말하자, 세자가 물어요.

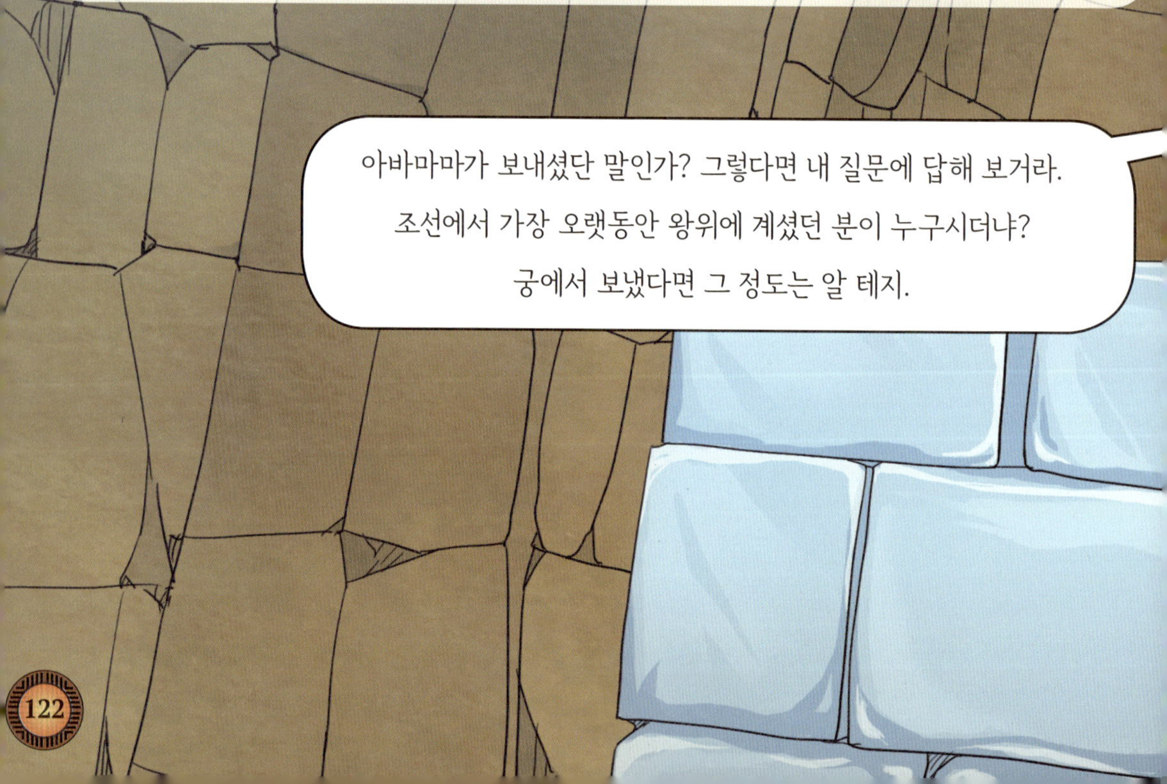

아바마마가 보내셨단 말인가? 그렇다면 내 질문에 답해 보거라. 조선에서 가장 오랫동안 왕위에 계셨던 분이 누구시더냐? 궁에서 보냈다면 그 정도는 알 테지.

용어 설명

동의보감
선조의 명을 받은 허준이 동양의 의학 지식을 모두 모아 광해군 때 완성한 의학 백과사전이에요. 세계 최초로 예방 의학을 강조하고 누구든지 어려운 의학 지식이나 예방법, 치료법을 쉽게 접할 수 있도록 일반 백성의 눈높이에 맞춰 만들어진 책이지요. 중국과 일본 등 동아시아에 널리 퍼져 동양 의학의 발전에 크게 기여하기도 했답니다.

마패
전국 각지에 설치된 역에서 관리가 말을 빌릴 때 사용했던 증표랍니다. 동그란 구리로 된 패에 빌릴 수 있는 말의 숫자가 한 마리에서 다섯 마리까지 새겨져 있어요. 조선 후기에는 특히 암행어사의 신분을 증명하는 수단으로 이용되기도 하였어요.

병자호란
1636년, 인조 때 청 태종이 조선에게 임금과 신하의 관계를 요구하였고, 조선은 이를 거부했어요. 그러자 청은 조선을 침략했어요. 인조는 남한산성에서 저항했지만 결국 삼전도에서 청과 임금과 신하의 관계를 맺게 되었지요.

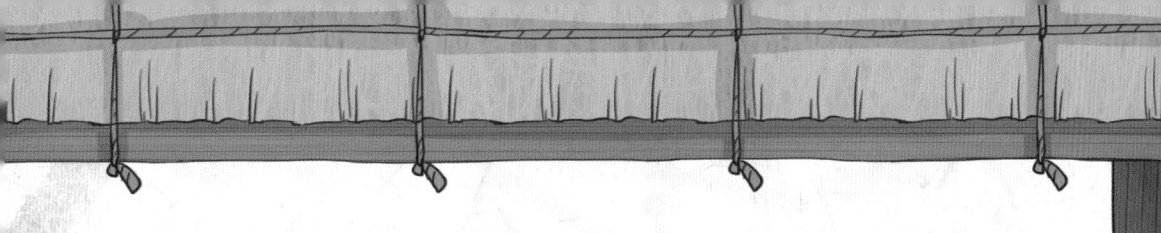

봉수대
전쟁 등 나라에 큰 위기가 닥쳤을 때 이를 봉화로 알리기 위해 산봉우리에 설치해 놓은 시설을 말해요. 마주 보는 산마다 설치해 두고 낮에는 연기를, 밤에는 횃불을 올려 한양으로 소식을 전달하도록 했지요. 날씨가 좋지 않아서 연기나 횃불이 잘 보이지 않을 때는 나팔을 불거나 대포를 쏘아서 소리로 알렸다고 해요. 평소에는 횃불이 하나였다가, 적이 나타나면 둘로 늘어나고, 국경에 가까이 오면 셋으로 늘어나요. 만약 적군이 국경을 침범하게 되면 횃불이 넷, 적군과 아군이 서로 맞붙어 싸우면 횃불 다섯을 올려놓지요.

상평통보
조선 시대에는 오늘날 우리처럼 동전과 지폐 같은 돈을 많이 쓰지 않았어요. 주로 쌀과 같은 곡식이나 무명, 비단 같은 옷감을 돈 대신 사용했답니다. 그래도 국가에서는 꾸준하게 화폐를 만들어 보급하였는데 가장 널리 쓰인 돈이 바로 상평통보예요. 상평통보는 흔히 엽전이라고도 불렸답니다.

서당
지방에 세워진 초등학교나 중학교 정도의 사립 학교로 마을마다 자유롭게 세웠어요. 그래서 마을마다 서당의 규모와 학생 수가 달랐어요. 서당에서는 훈장이라고 하는 선생님이 학생들을 가르쳤는데, 학생들은 주로 유교의 기초적인 책을 공부하거나 한자로 글을 짓는 것을 배웠답니다.

서빙고

빙고는 얼음을 채취하고 보관·보급하는 관청이에요. 한양에는 동빙고, 서빙고, 그리고 궁궐에 내빙고가 있었어요. 동빙고는 의식을 진행할 때 사용되는 얼음을 저장했고, 서빙고는 귀한 손님이나 관료에게 대접할 얼음을 저장했어요.

성균관

조선 시대 최고(最高) 국립 교육 기관이에요. 성균관에는 대과라는 과거 시험에 합격하기 위해 유교를 열심히 공부하는 유생들이 있었는데 동재와 서재라고 하는 기숙사에 머물렀어요. 음식과 학용품은 모두 국가에서 제공해 주었지요. 성균관에서는 유교 교육 이외에도 뛰어난 학자들에게 제사를 지내는 역할도 맡고 있었답니다. 오늘날 성균관대학교 안에 몇몇 건물이 남아 있어요.

십이지간(十二支間)

한·중·일 등 동양의 한자 문화권에서 시간과 방향을 나타낼 때 주로 사용한 체계랍니다. 시간을 계산할 때는 수호신 역할을 하는 열두 가지 동물의 한자로, 24시간을 2시간씩 나누어서 보지요.

12지	띠	시간
子(자)	쥐	오후 11시~오전 1시(삼경)
丑(축)	소	오전 1시~오전 3시(사경)
寅(인)	호랑이	오전 3시~오전 5시(오경)
卯(묘)	토끼	오전 5시~오전 7시
辰(진)	용	오전 7시~오전 9시
巳(사)	뱀	오전 9시~오전 11시
午(오)	말	오전 11시~오후 1시
未(미)	양	오후 1시~오후 3시
申(신)	원숭이	오후 3시~오후 5시
酉(유)	닭	오후 5시~오후 7시
戌(술)	개	오후 7시~오후 9시(초경)
亥(해)	돼지	오후 9시~오후 11시(이경)

임진왜란

1592년, 선조 때 일본의 도요토미 히데요시가 '명으로 가는 길을 빌리겠다.'는 명분으로 조선을 침략한 전쟁이에요. 이 전쟁에서 이순신 장군이 이끄는 수군이 맹활약을 펼쳤지요.

해태

중국에서 전해진 상상의 동물로, 옳고 그름과 선악을 판단하는 힘을 가진 정의의 수호신이랍니다. 머리 한가운데에 뿔이 나 있고 사자와 비슷한 몸을 가졌다고 해요.

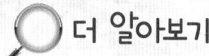 더 알아보기

사신도

사신도는 동서남북을 지키는 네 수호신을 그린 그림이에요. 네 수호신은 동쪽의 청룡(푸른 용), 서쪽의 백호(흰 호랑이), 남쪽의 주작(붉은 봉황), 북쪽의 현무(뱀과 합쳐진 검은 거북)랍니다. 이들은 각 방위를 수호할 뿐 아니라 네 가지 색깔을 상징하기도 해요. 청룡은 푸른색, 백호는 하얀색, 주작은 붉은색, 현무는 검은색을 각각 상징하지요. 사신도는 주로 무덤이나 건축물의 벽화에 그려져 있어요.

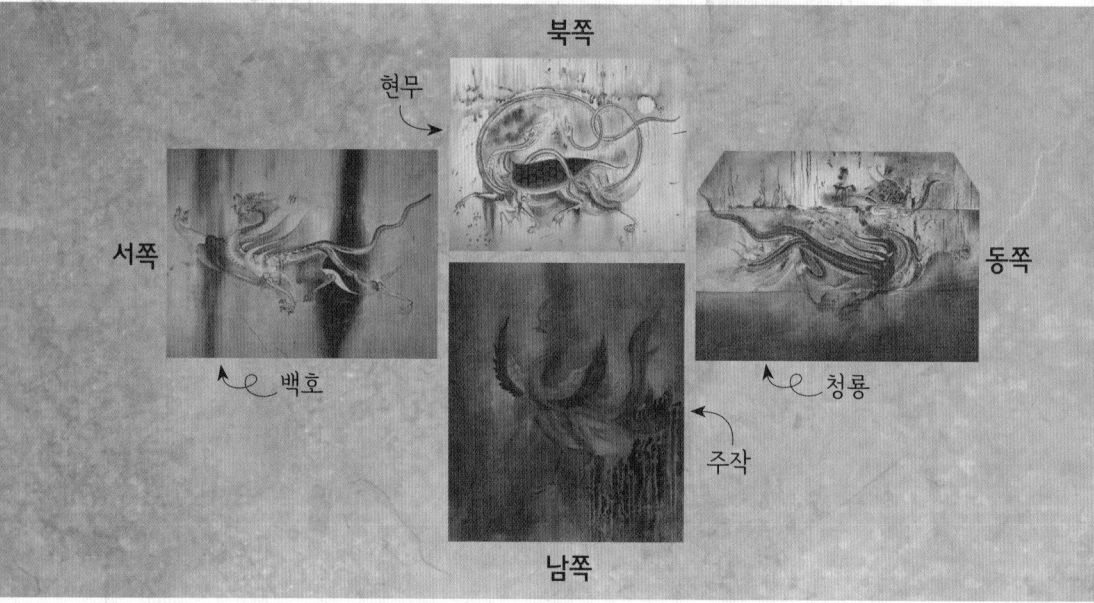

서울의 명칭 변화

한강을 끼고 한반도의 가운데에 있는 서울은 삼국 시대부터 지금껏 중요한 역할을 했답니다. 처음 서울을 수도로 삼았던 것은 바로 백제였어요. 이후 서울의 명칭은 다음처럼 변했습니다.

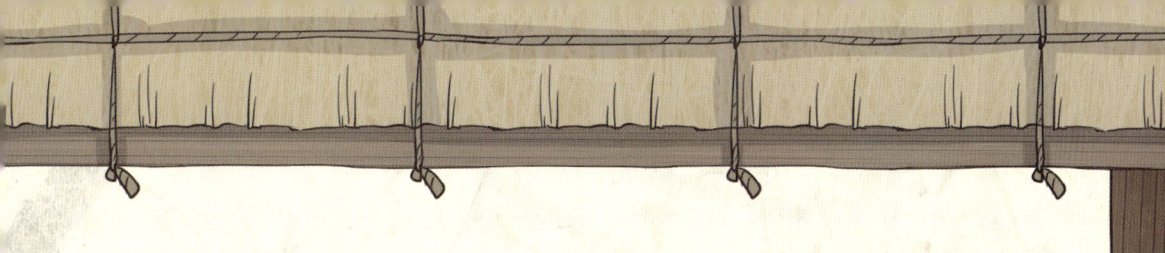

기원전 18년	475년	1067년	1308년	1395년	1910년	1945년
백제	고구려	고려		조선	일제 강점기	해방~대한민국
온조왕	장수왕	문종	충렬왕	태조		
위례성	남평양	남경	한양	한성	경성	서울

한편, '서울'이라는 말은 원래 한 나라의 수도를 뜻하는 말이었지만 지금은 우리나라 수도의 정식 이름이 되었지요.

왕을 부르던 이름

흔히 우리가 부르는 왕의 이름을 '묘호'라고 해요. 묘호는 왕이 죽으면 그를 기리기 위해 붙이는 이름이에요. 그러니까 '세종(世宗)'은 살아 있을 때엔 정작 세종이라는 호칭으로 불리지 않았지요.

묘호는 일반적으로 두 글자예요. 앞의 글자에는 각 왕의 고유의 것으로, 살아 있을 때 어떤 정치를 펼쳤는지 그 의미가 담겨 있어요. 뒤의 글자에는 보통 조(祖)나 종(宗)이 붙어요. 나라를 세웠거나 그에 버금가는 업적이 있다고 평가된 왕은 '조'를, 덕(德)이 있다고 평가된 왕은 '종'을 붙였지요. 조선에는 스물일곱 명의 왕이 있었는데, '조'가 붙은 왕은 여섯 명, '종'이 붙은 왕은 스물한 명입니다.

그리고 '연산군'이나 '광해군'과 같이 신하들에게 쫓겨난 왕은 묘호가 아닌 왕자 시절에 불리던 호칭으로 역사책에 남았어요. 왕자들은 'ㅇㅇ대군'(왕비가 낳은 아들), 'ㅇㅇ군'(후궁이 낳은 아들)로 불렸답니다.

조선과 유교

조선은 유교를 중심 사상으로 하여 세워진 나라예요. 특히, 유교의 한 종류인 성리학은 조선 사람들에게 학문이면서 삶 속 깊이 스며든 전통이기도 했지요.

유교에서 소중하게 생각하는 덕목은 '인·의·예·지·신(仁義禮智信)'입니다. 인(仁)은 사람의 선한 근본 마음을, 의(義)는 사람이 마땅히 지켜야 할 도리이며, 예(禮)는 사람 사이의 관계를 드러내는 방법, 지(智)는 이 모든 것을 배워 아는 것, 신(信)은 사람과 사람 사이의 믿음을 뜻합니다. 한양의 사대문과 보신각의 이름 속에 이 다섯 가지 덕목이 담겨 있다는 점은 조선이라는 나라가 유교를 어떻게 생각했는지를 잘 보여 주지요.

조선의 정치 기구

조선의 정치 제도는 매우 체계적이었어요. 관리들은 다양한 정치 기구에서 각자의 역할에 충실하며 나라를 위해 일하였지요.

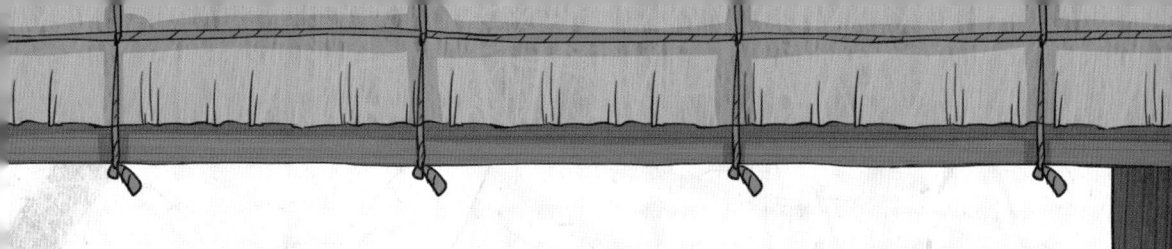

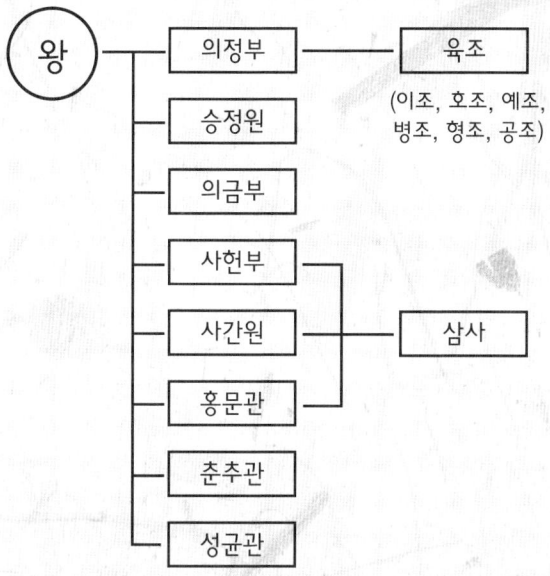

- **의정부** : 최고 높은 벼슬아치들이 일하는 곳이에요.
- **승정원** : 왕의 비서 역할을 했어요.
- **의금부** : 반란이나 나라를 크게 위협하는 사건을 조사하는 곳이랍니다.
- **사헌부** : 관리의 비리를 감시해요.
- **사간원** : 왕이나 관리가 잘못한 것을 지적해요.
- **홍문관** : 왕실의 도서관이면서 왕과 신하의 토론(경연)을 주관하기도 해요.
- **삼사** : 사헌부, 사간원, 홍문관을 묶어 삼사라고 하는데, 이들은 모두 왕이나 대신들이 잘못한 것을 지적하고 감시하는 역할을 했어요.
- **춘추관** : 왕의 말씀과 나라에서 일어난 사건을 기록하고 역사책도 만들어요.
- **성균관** : 조선 시대 최고의 교육 기관이랍니다.
- **육조** : 여섯 가지 분야로 분류된 나랏일을 맡아보던 기구예요.

한양 둘러보기

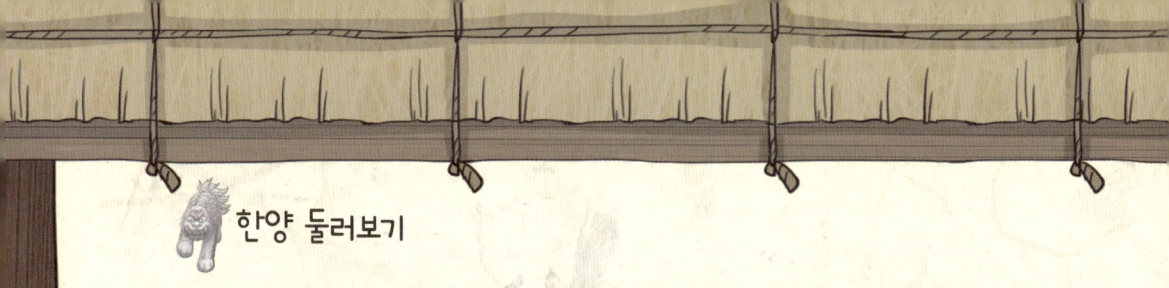

조선의 궁궐

궁궐은 왕이 사는 집이지만 관리들이 들어와 왕과 함께 국가 일을 논의하는 공식 공간이기도 했어요. 조선의 궁궐은 필요에 의해 여러 개가 지어져 모두 다섯이 있답니다.

- **경복궁** : 가장 먼저 만들어진 조선의 으뜸 궁궐(법궁)이에요. 임진왜란 때 불타 없어졌다가 고종 때 다시 지었지요.
- **창덕궁, 창경궁** : 경복궁의 동쪽에 있어 동궐이라 불렸어요. 경복궁의 보조 궁궐(이궁)이었지만 임진왜란 이후에는 경복궁이 다시 지어질 때까지 창덕궁이 으뜸 궁궐 역할을 했지요.
- **경희궁** : 서궐이라 불렸어요. 광해군 때 지어졌는데 일제 강점기를 거치며 많이 파괴되었답니다. 지금의 서울시립미술관 뒤편에 있지요.
- **경운궁(덕수궁)** : 원래부터 궁궐은 아니고 성종의 형인 월산대군의 집이었지만 임진왜란 이후 궁궐로 쓰였어요.

종묘와 사직

옛날부터 새로운 수도를 세울 때는 '좌묘우사'라고 해서 동쪽에 종묘를, 서쪽엔 사직단을 만들어 국가의 정신적 지주로 삼았어요. 종묘는 역대 왕과 왕비의 위패를 모셔놓고 공식적인 제사를 올리는 사당이고, 사직단은 토지의 신인 '사(社)'와 곡식의 신인 '직(稷)'에게 제사를 드리는 제단이에요.

한양의 사대문

우리 전통문화에서는 '동(東), 서(西), 남(南), 북(北), 중(中)'의 다섯 가지 방향, 즉 오방(五方)과 유교 사상의 다섯 가지 덕목인 '인(仁), 의(義), 예(禮), 지(智), 신(信)', 즉 오상(五常)을 연결 지었어요. 그래서 한양성의 사대문을 만들 때 유교 덕목을 한 글자씩 넣어서 이름을 지었지요. 그렇게 탄생한 이름이 동대문은 흥인(仁)지문, 서대문은 돈의(義)문, 남대문은 숭례(禮)문이고, 중앙의 종각 이름은 보신(信)각이에요.

한양의 시장

지금도 외국인이 우리나라에 오면 관광 필수 코스로 동대문 시장, 남대문 시장을 가지요? 그 시장이 조선 시대부터 있었다면 믿어지나요? 이현 시장(동대문 시장)과 칠패 시장(남대문 시장)이 바로 그것이랍니다. 종루 시장(종로)과 함께 조선 후기의 3대 시장으로 불렸지요. 종루 시장은 주로 양반의 생활용품이, 이현 시장은 채소가, 칠패 시장은 생선이 많기로 유명했답니다.

지은이 권효현, 김대선, 문순창, 박순화, 조한숙

전국역사교사모임의 현직 중·고등학교 선생님들로, 〈HISTORY QUEST〉 시리즈(전 4권)의 번역과 감수를 했어요. 이후 우리나라 역사도 〈HISTORY QUEST〉 시리즈처럼 재미있게 알려 주고 싶었던 선생님들이 다시 의기투합해 〈한국사 QUEST〉를 만들기로 했지요. 다섯이 모여 신나게 글을 쓰는 것은 물론, 자료 고증과 감수까지 맡아 꼼꼼히 작업했답니다. 권효현 선생님은 천왕중학교에서, 김대선 선생님은 창덕여자고등학교에서, 문순창 선생님은 김포제일공업고등학교에서, 박순화 선생님은 방산고등학교에서, 조한숙 선생님은 풍문여자고등학교에서 재미있는 역사 수업을 하고 있습니다.

그린이 기량

중학교 때부터 만화가의 꿈을 키우면서 대학에서 산업디자인을 전공했어요. 틈틈이 일러스트 작업을 하다 어릴 적부터 꿈꿔 온 만화 작가가 되기 위해 네이버에 웹툰 〈천년 구미호〉를 연재했어요. 〈천년 구미호〉는 한국콘텐츠진흥원에서 진행한 만화매니지먼트 사업에 지원작으로 선정되기도 했지요. 재미있고 유쾌한 만화, 기억에 남을 만한 만화를 그리기 위해 노력하고 있답니다. manaeun@naver.com

사라진 세자를 찾아라!

초판 1쇄 인쇄 2016년 10월 7일
초판 1쇄 발행 2016년 10월 21일

글쓴이 권효현, 김대선, 문순창, 박순화, 조한숙 | **그린이** 기량

발행인 양원석 | **편집장** 전혜원 | **기획편집** 이희자 | **디자인** RHK 디자인연구소 김영중
마케팅 이영인, 양근모, 장현기, 박민범, 이주형, 이선미 | **해외 저작권** 황지현 | **제작** 문태일
펴낸곳 (주)알에이치코리아 | **주소** 08588 서울시 금천구 가산디지털2로 53, 20층 (한라시그마밸리)
문의 02-6443-8870(내용), 02-6443-8838(구입), 02-6443-8960(팩스)
등록번호 제 2-3726호(2004년 1월 15일 등록)

ⓒ 권효현, 김대선, 문순창, 박순화, 조한숙·기량, 2016

ISBN 978-89-255-5792-2 (73900)

※ 값은 뒤표지에 있습니다.
※ 맞춤법과 띄어쓰기는 국립국어원의 기준에 따랐습니다.
※ 잘못된 책은 구입하신 곳에서 바꾸어 드립니다.
⚠ 책 모서리가 날카로워 다칠 수 있으니 사람을 향해 던지거나 떨어뜨리지 마십시오.

알에이치코리아 홈페이지와 블로그, SNS로 들어오시면 자사 도서에 대한 더 많은 정보와 다양한 이벤트 혜택을 확인하실 수 있으며, E-book몰에서는 전자북으로도 만나볼 수 있습니다.

주니어RHK 홈페이지 http://jrrhk.com | **E-book몰(RHK북스)** http://ebook.rhk.co.kr | **페이스북** https://www.facebook.com/rhk.co.kr
블로그 http://randomhouse1.blog.me | **유튜브** https://www.youtube.com/randomhousekorea